SOPA DE LLIBRES

El paper utilitzat en aquesta edició compleix
els requisits mediambientals FSC, que garanteixen
un circuit sostenible en tota la cadena de producció.

Rosa Sensat, 9-11, 4a planta. 08005 Barcelona
Telèfon 932 172 054. Fax 932 373 469
barcanova@barcanova.cat
www.barcanovainfantilijuvenil.cat

Setena edició: febrer de 2011
Quarta impressió: juliol de 2016

Disseny: Manuel Estrada

ISBN: 978-84-489-1569-8
DL B. 5766-2011

Printed in Spain

Bona nit, Joan!

SOPA DE LLIBRES

Salvador Comelles

Bona nit, Joan!

BARCANOVA EDITORIAL

Il·lustracions
de Francesc Rovira

Per a en Joan

Com cada nit, el pare
va agafar en Joan a coll
i va pujar escales amunt
per posar-lo a dormir.
En Joan va agafar
la marmota i el conill,
que sempre dormien amb ell,
i al cap d'uns moments
tots tres eren dins del llit.

Després d'acotxar-los,
i un cop va haver fet
un petó a la marmota,
un altre al conill
i l'últim a en Joan,
el pare va ajustar la porta
i va dir: «Bona nit, Joan!».

Llavors es va sentir
un «Bona nit, pare»
i dos «Bona nit» més.
I després tot va quedar
a les fosques.

En Joan va acostar
el conill al seu coixí,
va agafar la marmota
per la cua i va tancar
els ulls, perquè aquell dia
estava cansat i tenia
molta son.

El conill va fer un gest
a la marmota,
per dir-li bona nit,
però la marmota
ja estava dormint.

Al cap d'una estona, però,
la marmota es va despertar.
Què l'havia desvetllada?
De seguida ho va veure:

a l'altre costat, el conill
estava assegut al llit
i rosegava dues pastanagues
la mar de feliç.
«Ja hi tornem a ser,
amb aquest rac-rac?
No es pot dormir,
en aquesta casa...»

«És que tenia gana,
marmota, i com que...»
La marmota
no va deixar-lo acabar.

«Xxt! Que en Joan
es desperta!»

Tots dos se'l van mirar.
No, no s'havia despertat,
però semblava neguitós.
Es va moure de cop,
com si alguna cosa
l'hagués espantat.

«Em penso que somia
alguna cosa dolenta,
que té un malson»,
va dir la marmota.
Aleshores, en Joan,
bo i dormint,
va dir alguna cosa,
però no el van entendre.

El conill, que és
el que les tenia
més llargues,
hi va posar l'orella.

«Què diu?»,
li va preguntar
la marmota.
«No sé què d'un llop»,
va dir el conill.
«Un llop? Ai, ai, ai...
Saps què, conill?
Val més que hi anem.»
No era la primera vegada
que ho feien i sabien
el camí. Van anar
fins a la coixinera
d'en Joan
i van mirar endins.

Era un túnel fosc.
Sense pensar-s'ho dos cops,
hi van entrar a dins.
Al cap d'un moment,
sortien del túnel i arribaven
al somni d'en Joan.

Van mirar
al seu voltant.
Eren en un camí
enmig del bosc.

I llavors van veure
el que passava: en Joan
tenia un llop al davant.
«Hola, Joan...»,
li deia el llop,
amb veu melosa.
«Hola, senyor llop»,
va dir-li en Joan.
«Que és un llop maco
o un llop dolent, vostè?»

«Jo sóc un llop
molt maco, Joan,
que no ho veus?»,
va dir el llop,

que anava molt ben vestit.
«Jo vaig a la platja,
però si hi ha
la bandera vermella
no em podré banyar»,
va dir el nen.

«Està molt bé»,
va dir el llop.
«Però, saps què?,
primer passarem
per casa dels pares.»
«Ah, doncs si hi anem
agafaré una pilota...»
En Joan es va refiar
del llop i li va donar
la mà. I d'aquesta manera,
l'un al costat de l'altre,
van seguir endavant.

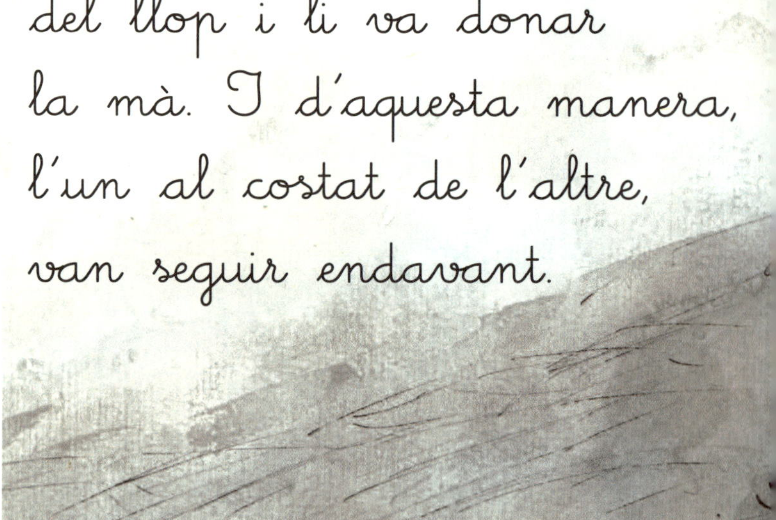

La marmota i el conill
s'ho miraven de lluny.
«Vols dir
que hi ha llops macos?»,
va preguntar la marmota.
«Em sembla
que en algun conte sí»,
va dir el conill,
«però no n'estic segur...
Anem, no els perdem
de vista...»

Van seguir camí enllà
fins que al cap d'una
estona van arribar
al davant d'una casa
i van trucar a la porta.
I els pares van obrir...

El que passa és que no
eren els pares d'en Joan,
sinó els pares del llop!
«Hola, fill, que bé
que vinguis a dinar...»,
va dir el pare llop.

Llavors van veure
en Joan...
«Ja et vaig dir
que no calia
que duguessis res»,
va dir la mare llop,
llepant-se els bigotis.

Quan va sentir això,
en Joan va entendre
que el dinar era ell.
Què podia fer? No s'ho
va pensar dos cops.
Va deixar la mà del llop
i va arrencar a córrer.

El llop,
així que se'n va adonar,
va afanyar-se a empaitar-lo,
i la marmota i el conill
van anar al darrere
de tots dos.
Els pares llop
s'havien quedat
a la porta.

El llop era molt ràpid
i corria tant
que semblava
que no trigaria
a atrapar en Joan.

«Fem-hi alguna cosa, conill,
que, si no, l'enxampa»,
va dir la marmota.
El conill coneixia
moltes dreceres, i va dir:
«Baixaré per aquí
i miraré d'aturar el llop
més endavant.»

Va ser així com,
en girar en un revolt
del camí, el llop
va trobar una barrera
amb un vigilant.

Aleshores
es va haver de parar
al davant de la barrera
i el conill,
que era el vigilant,
li va allargar la mà
i li va dir:
«S'ha de pagar...»

Esperava
que d'aquesta manera
el podria entretenir,
però el llop va dir:
«S'ha de pegar? Molt bé!»
I va pegar una puntada
de peu a la barrera,
que va sortir volant
mentre ell continuava
el seu camí.

El conill es va quedar
amb la boca oberta,
però al cap d'un moment
va arribar la marmota.
Llavors tots dos
van mirar camí enllà
i van veure que el llop
acabava d'encalçar
en Joan en una clariana
del bosc.

«Anem, acostem-nos-hi
sense fer soroll», va dir
ràpidament el conill.
S'hi van acostar.

Van veure que
a la clariana hi havia
una cabana petita
amb un cartell
a la porta que deia:

El llop hi va ficar
el pobre Joan
i va tancar-ne la porta.

Després, va començar
a arreplegar branques
i troncs i va encendre
un bon foc. Al conill
se li van posar
els pèls de punta.

«Què fem? Què fem?»,
anava dient.
«Tinc una idea»,
va dir la marmota,
que mai no perdia
la calma.
Però hauré de tornar
a l'habitació
i tardaré una mica.
L'hauràs d'entretenir.

«I com ho faré?»,
va dir el conill.
No va tenir resposta.
La marmota ja corria
enrere a tot gas.
El conill va pensar
llavors com podia
entretenir el llop,
que en aquells moments
netejava unes graelles.

52

Però no se li acudia res
i anava passant l'estona
i el foc era cada vegada
més gros. Fos com fos,
es va dir el conill,
havia de distreure
aquell llop.
O sigui que va sortir
del seu amagatall
i se'n va anar
a trobar-lo.

Quan el llop
va veure el conill,
va dir, tot desdenyós:
«Què? Que també
s'ha de pegar, ara?»
«No, el que s'ha
d'apagar és aquest foc...
No ho sap, que no s'hi
pot fer foc, al bosc?»

Just llavors es va sentir una sirena i el llop va dir: «Què és això?». Però no va poder dir res més.

Un cotxe de bombers
amb una marmota
al capdamunt es va
plantar allà al davant
i els bombers van
començar a ruixar
el foc.

Mentrestant, el conill
va anar a treure en
Joan del rebost.

I un cop el foc va ser
apagat, la mànega
es va dirigir cap al llop,
que amb la força de l'aigua
se'n va anar pendent avall
fins que es va perdre
de vista.

La marmota, el conill
i en Joan es van posar
a aplaudir i es van fer
un munt d'abraçades.

Després, la marmota
va preguntar:
«Joan, on anaves
quan has trobat el llop?»
«Anava a la platja,
però ja no hi vaig.
Vull anar a casa els avis,
que tenen gelat
de maduixa.»

Es van acomiadar.
En Joan se'n va anar
cap a casa els avis
i la marmota i el conill
van pujar
al cotxe de bombers
i van emprendre
el camí de tornada.

Els bombers també
estaven contents
i cantaven la seva cançó:
«Som els bombers,
que venim d'apagar el foc.
Amb la camisa bruta
i el bigoti tort...».

Just abans de ficar-se
al túnel que els tornaria
a la cambra d'en Joan,
la marmota va cridar:
«Mireu, allà hi ha el llop!».

Era veritat:
en una cantonada
hi havia un llop remullat
que feia cua en una botiga
de pollastres a l'ast.

Quan va sortir del túnel,
el cotxe de bombers
se'n va anar al racó
de l'habitació
on sempre aparcava,
al costat
d'una excavadora
i d'un autobús.

La marmota i el conill
es van enfilar
al llit d'en Joan
i se'l van mirar.

«Segurament ja ha arribat
a casa els avis»,
va dir la marmota.
«Jo diria
que just s'està menjant
el gelat de maduixa»,
va dir el conill veient
la cara de felicitat
que feia en Joan
mentre dormia.

La marmota i el conill
havien acabat
la seva missió.
Van fer un petó

a en Joan
i van estirar-se al llit,
un a cada costat.
I abans de tancar els ulls,
el conill va fer un senyal
a la marmota
per dir-li bona nit.
Però la marmota, és clar,
ja estava dormint.

Han escrit i han dibuixat...

Salvador Comelles

Vaig néixer a Terrassa l'any 1959. Recordo que quan era petit m'encantava llegir, però en canvi no m'agradava gens que em fessin escriure. Per sort, de gran, la balança s'ha equilibrat i puc passar-m'ho bé fent totes dues coses. Això sí, escric amb bastant mala lletra (a mi mateix em costa d'entendre-la, a vegades) i potser aquesta és una de les raons per les quals sempre faig servir l'ordinador.

Vaig començar escrivint contes per presentar-me al premi de la revista *Cavall Fort*, que vaig guanyar l'any 1980. Més tard, em vaig decidir a provar d'escriure narracions llargues, i amb la primera, *El mar dels Naufragis*, vaig guanyar el premi Folch i Torres de l'any 1994.

Escric més o menys segons el temps de què disposo, però m'agrada que sempre hi hagi algun llibre meu a punt de publicar. I sobretot que surti per

Sant Jordi, ja que trobo que és el moment més bonic per treure un llibre al carrer –en aquest cas, a més, prenent la frase al peu de la lletra.

Bona nit, Joan! és una història per al meu fill, que també es diu Joan. Un conte ha de poder agradar a tothom, però a vegades a algú li pot picar l'ullet una mica més que als altres. En aquest cas el Joan n'és el protagonista i, a més a més, hi surten tres joguines seves: la marmota, el conill de peluix i el cotxe de bombers. I a més a més, també hi ha un llop, que és un dels seus personatges preferits; bé, del Joan i de molts altres nens i nenes. ¿Potser també és un dels teus animals preferits, com a personatge de conte?

Francesc Rovira

Vaig néixer a Barcelona l'any 1958, al bell mig d'una família nombrosa. De petit, passava moltes estones dibuixant. A casa meva hi havia molts llibres i estàvem subscrits a algunes revistes. Allò que més m'agradava era mirar els dibuixos, les tires còmiques i les il·lustracions. En feia una primera lectura a partir de la imatge; després llegia el text i així m'adonava d'on havia tret la idea l'il·lustrador. A poc a poc vaig decidir que jo també volia interpretar i explicar idees mitjançant el dibuix.

Fa uns quants anys que em dedico a fer il·lustracions. Una de les coses que m'agraden més de la meva professió és la sorpresa que m'emporto quan poso sobre el paper la idea que em ronda pel cap. Si la sorpresa és agradable, la conservo; si és desagradable, l'envio a la paperera. Sense aquest grau d'emoció, la meva professió seria molt avorrida.